顔ハメ百景 青森
A O M O R I
【最果てワンダー編】

塩谷朋之

　日本人なら誰しも、顔をハメて写真を撮ったこ
とはないにせよ、一度は絶対に見たことがある顔
ハメ看板。日本全国すべての都道府県にあり、そ
の土地の偉人や観光地、特産品などを手軽に知る
ことができ、また旅の思い出作りにも最適。そん
な優秀な観光ツールであるにも関わらず、どこか
間の抜けた存在であるからか、B級感が否めない
ためか、これまで顔ハメ看板を軸に各都道府県の
魅力が語られることはほとんどありませんでし
た。なんと勿体ない。いろいろな土地を、「顔ハ
メ看板にハマること」を目的に旅する私にとって
は、これ以上その土地を表しているものは他に無
いと感じます。顔ハメ看板を通して、47都道府
県の魅力を再発見していこうと企画したのがこの
「顔ハメ百景」です。

　この本に載っている顔ハメ看板の中には壊れた
り、期間限定でもうハマれないものもあります。
でもこの本に載っていない顔ハメ看板が新たに生
まれているかもしれません。旅も顔ハメ看板のハ
マり方も百人百様。この本片手に旅に出て、顔ハ
メ看板の穴を通して見るあなたなりの「百景」を
楽しんでください。

CONTENTS

南部 │ nanbu

ワンダー × 蕪島神社

地元の人にも観光客にも愛される本州最北の温泉施設の顔ハメ看板は、やはり大間ということで、マグロ一本釣りの構図。大間まぐろのスケールと魅力を伝えるために、看板自体もなかなか大きめです。レストランのみの利用も可能で、地元の人で賑わっています。せっかくここまで来たしと思い、マグロ丼を食べる気でいたら、残念ながら売り切れ。刺身定食美味しかったです。

♥ 下北郡大間町大間内山

日本初にして最後の原子力船「むつ」の開発
の軌跡を記念して作られた科学館。普段は外
に出ている顔ハメ看板ですが、私が訪れた時
は風が強いからということで、中に仕舞われ
ていました。純白の船長服に身を包める顔ハ
メ看板、日本原子力研究開発機構の管理品で
あるらしく、裏に廻ると「検査済」のシール
が数年分貼られていました。どんな検査をさ
れるのか気になるところです。

📍 むつ市関根北関根

　本州最北の駅であり、JR東日本の最北の駅
でもある下北駅に置かれているのは、むつ市
のゆるキャラ「ムチュランファミリー」と一
緒に写真が撮れる顔ハメ看板。「むつ」と「夢
中」を掛けて「ムチュラン」とのことです。
流石にファミリーの誰にも穴を開けられな
かったようで、青森県の無形民俗文化財に指
定されている田名部まつりの参加者になれる
仕様です。

📍 むつ市下北町

04 | 道の駅わきのさわ

　鉞の刃の突端までわざわざ行くのも惜しくない、立派な丸太造りの顔ハメ看板。こっそり手が出せるタイプ。江戸時代から幕府への献上品とされていたマダラを、北限のニホンザルがイノシシに乗っかりながらお届けしているという深みのある構図です。レジャー施設も充実の道の駅で、バンガローに泊まれたり。たどり着く途中でも車道に当たり前のようにサルがいたりと盛り上がります。

📍 むつ市脇野沢七引

南部と津軽の境界、藩境塚があることでお馴染みの野辺地町。顔ハメ看板の方はそちらには触れず、野辺地港へ夜間入港する船の目印となっていた、現存する日本最古の石造りの常夜燈の灯がともる部分にハマれます。どちらかというとメインが、ホタテのポシェットがイカす野辺地町のゆるキャラ「じ〜の」であることもご愛敬。特技は体を張ることだそうです。

📍 上北郡野辺地町中小中野

正式名称が「道の駅みさわ斗南藩記念観光村」という渋い字面のところに、このビビッドピンクの顔ハメ看板。2011年に恋人たちの新たな観光スポットとして新設された「愛の鐘」のオプションとして作られた風の一枚です。顔ハメ看板でありながら、ベンチの要素もあり、鐘の突き方の説明まで書かれているという、頑張り屋さん。愛を確かめ合う二人に打って付けの、絶妙な距離感の穴位置です。

📍三沢市谷地頭

「※この場所のみ撮影可」の文字がまぶしい、寺山修司さん唯一の長編小説「あゝ、荒野」の表紙の顔ハメ看板。幼少期に住んでいたゆかりの土地ということで設立された記念館ですが、ご本人の功績に対してアクセスがすんなりと行かない場所にあって、たどり着くまでもが演出されたアングラ演劇かのよう。館内の展示方法も素晴らしく、時間に余裕をもって訪れるべきところです。

📍 三沢市大字三沢淋代平

青い森鉄道のイメージキャラクターである
モーリーが全面に打ち出されていますが、三
沢から出発して、日本からアメリカ本土まで
の初の無着陸飛行に成功したミス・ビードル
号や、リンゴがちょこんと描かれているのも
見逃せません。リンゴは津軽の方がイメージ
強いのですが、控えめに描かれていていじら
しい。米軍基地がある関係で5人に1人が外
国人という三沢を星条旗でアピール。

📍 三沢市大字犬落瀬字古間木

09 | 七戸十和田駅

　七戸町内にある唯一の鉄道駅であり、新幹線単独駅として2010年に開業した七戸十和田駅にある、駅長さんになれる顔ハメ看板。「はやぶさ」が運行を始めた当初は通過駅だったわけですが、2013年に目出度く停車することになった七戸十和田駅。当時の熱狂ぶりはネットニュース等でご確認ください。申し訳程度に山が描かれていますが、あくまでも主役は「はやぶさ」。

📍 上北郡七戸町字荒熊内

10 | 七戸町観光交流センター

　七戸十和田駅舎に直結している施設に顔ハメ看板。ここもやはり「はやぶさ」。七戸はやぶさPR隊は地元PRのために七戸町商工会青年部が主体となり結成されたもので、顔ハメ看板に描かれた姿そのままで活動されています。七戸十和田駅に「はやぶさ」が停車することになったのは彼らの活動の賜物かもしれない、そんな現代のファンタジーを信じたくなる活動っぷりです。

📍 上北郡七戸町荒熊内

1965 年に十和田市が新渡戸家の協力の下に建設した記念館ですが、2015 年からはボランティアの方々が運営。新渡戸家の一員になれるこちらの顔ハメ看板は、お祭りの時などに出されるレア看板。新渡戸といえば稲造さんのイメージが強いですが、十和田市は元々新渡戸家が三代に渡って開拓していった土地とのことで、三本木原（現・十和田市）開拓に関する資料が充実しています。

📍 十和田市東三番町

　安さを売りにせず、農家さんが納得のいった
農産物を、農家さん自身で価格を決めて置い
ているという、こだわりの直売所。スーパー
では取り扱っていない珍しい野菜もあれば、
農家さんが生産から加工まで行っている加工
品もたくさん並んでいて、見ているだけでも
愉しくなります。店内にはイートインスペー
スもあり、その場で食すことも可能。ランチ
はピンクカレーで決まりです。

📍 上北郡おいらせ町鶉久保

別名はくちょう公園とも呼ばれていて、青森県内でも有数の白鳥飛来地。そんな公園にある顔ハメ看板は白鳥の背中に乗った子どもになれるという大胆なもの。しかしながら、この看板の最も注目すべき点は、やはりその穴サイズ。顔ハメ看板において、穴の大きさはキモになってくるのですが、ここまでくるともうフィット感とかどうでもよくなってしまいます。

📍 上北郡おいらせ町西後谷地

14 いちょう公園

　ニューヨークと同緯度で結ばれており、北緯
40度40分に位置するため数字の「4」にこ
だわり、本物の4分の1の大きさで建てられ
た自由の女神がいらっしゃるこちらの公園。
丁度うっすら女神像が写るような位置に置か
れている顔ハメ看板も、もちろん自由の女神
です。かなりデフォルメされて、ポップなカ
ラーリングを施され、足場も楽しげで、さな
がら遊具のような賑やかさ。

📍 上北郡おいらせ町東下谷地

八戸市水産科学館マリエント

八戸市の水産を紹介する観光文化施設として1989年に開館。手作り感溢れる展示方法で職員さんの温かみを感じます。顔ハメ看板の方は目と鼻の先にあり、ウミネコ繁殖地として国の天然記念物に指定されている蕪島モチーフ。入口に対してなかなかのサイズ感で置かれていて、水産のすの字も感じさせない構図の顔ハメ看板に圧倒されます。穴の位置も注目の一枚。

📍 八戸市鮫町下松苗場

　戦後から八戸の台所として親しまれている陸
奥湊駅前朝市。朝市でちょい盛りのお刺身や
お惣菜、ご飯に味噌汁を購入して、自分で作
り上げた朝ごはんを市場内で食べるスタイル
が定番です。イサバのカッチャとは魚売りの
お母さんのこと。活気のある市場なので、行
き交う人も多く、顔ハメ看板前に丁度軽トラ
が停まっていたりと、撮影のタイミングが難
しい一枚です。

📍 八戸市湊町久保

日本全国、令和になるタイミングで多くの顔ハメ看板が設置されました。令和モノの顔ハメ看板と言えば、令和おじさんの顔をくり抜いただけの単純なものが大半でしたが、こちらの看板はラピア広報部長のラピアノが存在感を放ちつつ、取材陣と言うよりはオーディエンスに見える人々が大分盛り上がっていたり、ラピアさんの令和に対する期待が詰まった一枚となっています。

📍 八戸市江陽

　国宝である二体の甲冑を見学出来たりする、歴史と由緒ある神社の境内にある顔ハメ看板なのに、このようにかなり痺れる構図です。幕末まで続いていたけどいったん途絶えて、また1984年に復興した櫛引八幡宮の流鏑馬がモチーフ。かつては的の中心にもハマれる攻め気味の二人用でしたが、私が訪れた時には、的に福の文字が貼られていて、残念ながら一人用になっていました。

📍 八戸市八幡八幡丁

八戸の二大行事である、三社大祭とえんぶり
の顔ハメ看板が、季節ごとに設置される風流
な八戸駅。三社大祭の方は写真の上からイラ
ストが描かれていたりと、だいぶテイストが
違うので、見比べてみるのも面白い顔ハメ看
板です。こちらの看板は改札外に置かれてい
ますが、青い森鉄道線の改札内にはモーリー
の顔ハメ看板も。新幹線で訪れても、ハマり
逃しのないように。

📍 八戸市大字尻内町字館田

2002年に廃校となった増田小中学校を利用
した体験交流施設で、毎年8月下旬には、ひ
まわりが咲き誇る景色を楽しめます。顔ハメ
看板では控えめな本数で描かれていますが、
実際には圧巻のひまわり群です。豆腐づくり
や味噌づくりなど季節の体験メニューも充実
しており、ジャズとそばの郷でお馴染み南郷
の、地域特産そばを味わえるレストランも併
設されています。

📍 八戸市南郷大字島守北ノ畑

21 | おみやげとお食事の店もりた

　十和田湖のお店ですから、もちろん高村光太郎さん作の「乙女の像」モチーフとなっています。文字や草木の部分を立体にしてみたりと工夫もある中で、力強いタッチが特に印象的な一枚。かつては同じ構図で肌色に塗られた乙女の像が描かれており、もはや普通に裸の乙女という問題作でした。クレームがあったのか自主的にかは分かりませんが、賢明なリニューアルです。

📍十和田市奥瀬十和田湖畔休屋

八戸駅長管理下にある、八戸線の無人駅。鉄道の歴史的設備である腕木式信号機が、敷地内に保存されています。近代化に伴い、全国から徐々に姿を消していった腕木式信号機。こちらにあるのは、JR東日本の中でも最後まで活躍した貴重なものだそう。その鉄道遺産の隣に、顔ハメ看板。裏に廻ると、デザインは日本版画院同人の佐藤明氏とあり、看板の方も貴重な雰囲気が漂っています。

♦ 三戸郡階上町大字道仏字榊山

23 | 田子町ガーリックセンター

　にんにくの出荷量日本一は断トツで青森県です
が、その中でも特に有名な産地が田子。こ
ちらのセンター内には、にんにくを使った料
理を楽しめるレストランや、売店などがあり、
にんにく尽くしのひと時を過ごせます。顔ハ
メ看板が妙にアメリカンテイストだなと思っ
ていたら、にんにくを通じて姉妹都市提携を
している米国のギルロイ市のガーリックフェ
スのキャラクターのようです。

📍 三戸郡田子町田子

看板の
ある
風景 3

荒谷商店 ☎ 略四-①

　あのキリストは、青森に逃げて106歳で亡く
なったと記されていた古文書を軸に、額に十
字のマークを付ける風習や、ダビデの星を
代々家紋とする家があるなどのミステリーを
抱え込みつつ、不思議ですねぇーのスタンス
で、公的に運営されているキリストの墓とい
う奇跡の施設。その目の前には「キリストっ
ぷ」なるお土産屋さんもあり、様々なニーズ
に応えています。

📍三戸郡新郷村大字戸来字野月

COLUMN | 青森の女（ひと） 小田麗

　青森とのご縁の始まりは勤めている会社から。創業社長の出身地が八戸ということもあり、八戸出身の社員が多く働いているのですが、私が入社した時に歓迎会を開きたいと声を掛けてくれたのも八戸出身の小田君でした。先輩ではありますが、年齢は一緒。よく飲みに行き、よくハマりにいく仲になりました。かなり純粋な上に細かいことを気にしない性格なので、顔ハメ看板だけが目的の旅でも、何も聞かずにニコニコ付いてきてくれ、助かる小田君。沖縄に二人で旅行した時に、10枚ほど事前に調べていた看板にハマったところで、「俺たちの行くところ行くところ、塩谷の好きな顔ハメがあるよね。よかったね！」と言った彼の笑顔は忘れられません。

　そんな小田君の妹が麗ちゃんで、初めて会ったのは会社近くの居酒屋でした。まだ当時は学生で、卒業後の進路のことなどを話してくれたことが、焼酎まじりに鮮明に思い出されます。時は流れ、結婚してあまり顔ハメに付き合ってくれなくなった兄の穴を埋めるかの如く、妹の麗ちゃんが顔ハ

メ看板に付き合ってくれるようになりました。兄
ほどの純粋さは無いものの、細かいことを気にし
ない力は兄以上で、助かっています。顔ハメ看板
によく一緒にハマりにいく人として、テレビ番組
に出演してくれたなどということもありました。
我が家の子どもたちも懐いており、家族ぐるみで
お世話になっている青森の女（ひと）です。

津軽 | tsugaru

ワンダー × 弘前の桜

　道の駅こどまり内にある、中泊名物のメバル
膳がいただける、レストラン竜泊さんの顔ハ
メ看板ですが、外に置かれているので、所属
の判断は難しいところです。道の駅には珍し
い、イカやカレイに餌付けができる「ふれあ
い水槽コーナー」も魅力的。4月中旬〜11
月上旬までの営業で、冬季は閉館しているの
でご注意を。冬の間、イカやカレイがどうし
ているのかも気になります。

📍 北津軽郡中泊町小泊折腰内（道の駅こどまり内）

道路を渡れば、すぐ海岸ということで、顔ハメ看板にハマりながら、日本海を見渡せる抜群のロケーションです。食事はもちろん、イカの生干しや鮮魚も購入可能。中泊町のご当地グルメである、中泊メバルの刺身と煮付け膳を宣伝するために置かれている看板なので、レストラン竜泊さんのものと全く同じ構図かと思いきや、穴の位置を変えてくれているという嬉しい配慮。

📍 北津軽郡中泊町小泊折戸

　中泊メバルの刺身と煮付け膳も当然いただけ
ますが、十三湖のほとりに立地しているの
で、名物の大和しじみをふんだんに使用した
メニューも多数あります。いよいよ前頁のレ
ストラン竜泊さんと同じように見えてきます
が、そもそも店舗名が違うというところと、
描かれているゆるキャラが違うという味付け
がしてあるので、やはりすべてハマっておき
たいところです。

📍 北津軽郡中泊町今泉唐崎

　100年以上の歴史がある津軽伝統の人形劇場
ながら、つボイノリオさんが思い出される
ネーミングの金多豆蔵。その名前には、人は
「豆」々しく、健康で働けば、お「金」が「多」
く入り、「蔵」が建つという意味が込められ
ていて、味のある人形の顔とは裏腹に、道徳
的な内容。駅構内に劇場が設置されており、
毎月第1土曜日に全編津軽弁にて公演されて
います。

📍 北津軽郡中泊町中里亀山

国指定史跡である大平山元遺跡の第1期史跡
整備事業実施中を知らせる看板の一部が顔ハ
メになっているというかなりレアな一枚。大
平山元人になれる顔ハメ看板なのですが、吹
き出しには「君も大平山元人だ！」と書かれ
ており、ハマってみると台詞に違和感を覚え
る不思議体験ができます。支柱に藁が括り付
けられているコーティングも、雰囲気があっ
てとても良いです。

📍 東津軽郡外ヶ浜町蟹田大平山元

　津軽三味線を全国に広めた第一人者である高橋竹山さんは、平内町の小湊出身。というわけで小湊駅にある手出しの顔ハメ看板。元々は三味線がくっついていて、バチまで括り付けてある凝った作りでしたが、屋外常設設置の性で、どこかへといってしまった様子。何故か駅舎の近くではなく道路を挟んで向かいにポツンと置かれていて、独特の雰囲気を醸し出しています。

📍 東津軽郡平内町大字小湊字下夕田

看板の
ある
風景　5

49

むつ湾で水揚げされる旨み豊かなほたて貝を中心に、青森県内で捕れる魚介類と加工品を販売している施設。無料でバーベキューコンロの貸し出しもしているので、炭を購入すればその場でほたてを焼いて食べるなんていう贅沢な時間を過ごすことも可能です。ほたてのキャラクターは、「あおいちゃん」と「うみちゃん」というほたて貝のほの字も無いフックの効いたネーミング。

📍 東津軽郡平内町土屋鍵懸

32 道の駅浅虫温泉ゆ～さ浅虫

　名前の通り温泉に入れる道の駅なのですが、
5階建てでレストランやお土産売り場などの
お馴染み施設以外に、会議室まであって、道
の駅らしからぬスケールで営業しています。
展望温泉は最上階にあり、むつ湾を一望でき
るご機嫌さ。スライド開閉式の2人用顔ハメ
看板は、トイレの前という少し追いやられた
空間にひっそり置かれているので、お見逃し
の無きように。

📍 青森市浅虫蛍谷

33 | あおもり北のまほろば歴史館

　青森市を中心とした郷土の歴史や民俗を総合的に紹介する展示施設とのことですが、歴史館というよりは美術館といった趣のある雰囲気で、国指定の重要有形民俗文化財のムダマハギ型漁船のコレクションが圧巻。個人的には手ぬぐいの型紙で巡る青森のお店コーナーがイチ押しです。顔ハメ看板は2種類あって、妙にかわいらしいタッチが、館の佇まいに溶け込んでいます。

📍 青森市沖館

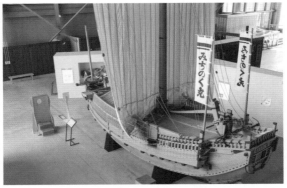

ねぶたの展示はもちろんのこと、歴史を学べ、ねぶた検定を受けたり、製作体験までできるという、ねぶたのすべてを体感できる施設。青森市がねぶた関連の博物館としては初めて作ったものとのことで、かなり気合が入っています。顔ハメ看板は1階と2階にそれぞれあるので、ハマり逃しの無きよう。両方ねぶた祭を盛り上げる跳人モチーフですが、テイストがだいぶ違います。

📍 青森市安方

市の中心部である青森駅とは電車で6分ほど
離れていて、失礼ながら周りに何も無いなと
いう印象の新青森駅ですが、1階のお土産売
り場がかなり充実しております。居酒屋も地
酒が種類豊富に用意されていますので、最後
に一杯引っ掛けて帰りやすいです。顔ハメ看
板は、ねぶたと並んで設置されている跳人モ
ノ。手が遊んでハミ出ないように気をつけた
いところです。

◉ 青森市石江高間

しじみの名産地である十三湖のほとりにあ
る、しじみラーメン発祥のお店。顔ハメ看板
はテレビ番組に取り上げられた時のもので、
結構な存在感で入り口に置かれており、自動
ドアに反応されながらハマる格好です。ラー
メン以外の定食を頼んでも、しじみ汁が付い
てくるのが嬉しい。十三湖を見渡せるロケー
ションで、民宿も兼ねており、宿泊もできる
珍しいラーメン屋さんです。

📍 五所川原市十三羽黒崎

37 | 酸ヶ湯温泉

　八甲田山中の温泉宿で、名物は顔ハメ看板の
絵柄にもなっている、総ヒバ造りの大きな浴
槽。脱衣所は別ですが、男女混浴。以前は完
全な混浴だったようですが、マナーの低下に
より間仕切りを設置したり、設置したら間仕
切りに対する苦情が出たりと、紆余曲折あっ
て、現在では中央部分に目印があって男女別
れるという形に落ち着いています。顔ハメ看
板の方は完全な混浴。

📍 青森市荒川南荒川山国有林小字酸湯沢

駅構内に、80年振りに奇跡的に復活した、
五所川原立佞武多の山車になれる顔ハメ看板
が数枚あります。顔ハメ化されるにあたって、
このサイズになっていますが、実物は異常さ
を伴った圧巻のスケール感。是非、徒歩5分
ほどの立佞武多の館にも行かれることをオス
スメします。毎年1基製作されて3年間使用
される、もはや巨大ロボな立佞武多が3基常
設展示されています。

📍 五所川原市字大町

あづまり場所サン・じゃらっと

五所川原駅の目の前にある地域交流施設で、中にはコミュニティカフェも。地元生産者と消費者をつなぐ思いがあって作られた施設とのことで、地元産の食材を使った料理やお土産を楽しめます。顔ハメ看板では、リンゴの果肉まで赤いことが特徴の品種「御所川原」をアピール。肝心のリンゴの方にハマれるのも愉快ですが、何といっても農家の方の穴の抜き方がユニークです。

📍 五所川原市字大町

　つがる市役所の出張所としてイオンモールつ
がる柏の敷地内にある施設。土日もやってい
て、各種証明書の交付など、つがる市民に便
利に活用されているこちらにあるのは、田畑
の妖精、つがる市マスコットキャラクターの
つがーるちゃんの顔ハメ看板。稲穂の触覚に、
ナガイモ柄のタイツなど、つがるブランド農
産物8品目が大胆に組み合わされた、かわい
らしい女の子です。

📍 つがる市柏稲盛幾世

41 | 鰺ヶ沢相撲館

　相撲館の名にふさわしく、化粧回しや相撲の歴史がわかるパネルの展示などが充実している資料館。そしてメインは地元出身力士である舞の海さんのコーナーです。顔ハメ看板の横には同サイズの舞の海関のパネルもあるので、舞の海関になれる顔ハメ看板ということで間違いないと思います。施設としても立派で見応えもあるのに、入館無料という太っ腹さ加減です。

📍 西津軽郡鰺ヶ沢町本町（海の駅わんど内）

　ブログで紹介されたのをきっかけに、一躍有
名になった迷子の秋田犬のわさお。保護され
た菊谷さんは既にお亡くなりになっています
が、家族で経営されている焼きイカ店には、
立派な顔ハメ看板が設置されています。飼い
主の菊谷さんになり、わさおと妻のつばきと
一緒に菜の花畑を散歩という構図ですが、実
寸大よりかなり大きく作られていて、独特の
雰囲気を醸し出しています。

📍 西津軽郡鰺ヶ沢町南浮田町美ノ捨

43 | 富士見湖パーク

　日本一長い木の橋「鶴の舞橋」があることで
も有名な公園。顔ハメ看板にはその木の橋も
描かれていますが、あくまでも風景として。
メインは地名にちなんで、ハゲ頭の人々で結
成された「ツル多はげます会」さんが年に2
回行われている、ハゲ頭に吸盤を付けて引っ
張り合う綱引きで、行司の部分にハマれま
す。ちなみにはげます会は、毛がある人でも
サポーターとして入会できるそうです。

📍 北津軽郡鶴田町廻堰大沢

板柳町のマスコットキャラクターである「あぷりん」の抱えている小さい「あぷりん」になれる顔ハメ看板。キャラクター板だと同じサイズで描かれて片方が顔ハメになっているというパターンが多いのですが、こちらはなかなか大胆な発想です。2019年にみどりの窓口が営業を終了し、無人化した板柳駅。顔ハメ看板的には人目を気にせずハマりやすくなったとも考えられます。

📍 北津軽郡板柳町福野田実田

板柳町は映画「いとみち」の舞台、ということで、主人公の相馬いとさんと同じメイド服に身を包み、並んで撮影できる顔ハメ看板が、レストランから温泉、りんごを使った体験工房まで兼ね備えた町の複合施設に設置されています。人とりんごのコミュニティをさらに進めていきますとホームページにあり、もはやりんごが人格を持ち始めている感のある板柳町です。

📍 北津軽郡板柳町大字福野田字本泉

日本三大流し踊りの一つである黒石よされを
アピールする顔ハメ看板。駅に設置の正統派
なのに、なかなかの省スペースで、慎ましい
サイズに好感が持てます。限りある空間に、
お祭りの雰囲気を伝える努力がうかがえま
す。かつては男女の出会いの場であった盆踊
り。500年以上前の男女の恋の掛け合い唄が
起源とも言われる黒石よされの、絶妙なポー
ズを切り取っています。

📍 黒石市緑町

　津軽系のこけしだけでなく、全11系統のこ
けしを網羅した、どっぷりこけしにハマれる
ミュージアム。大きさ日本一のこけしや、著
名人が絵付けしたこけしなど、目を引く展示
も多数あり。自分だけのオリジナルこけしが
作れる、絵付け体験スペースも完備されてい
ます。入口に置かれている顔ハメ看板はもち
ろん津軽系。親子でハマりやすいように配慮
された穴位置です。

📍黒石市袋富山

津軽塗やこけし灯ろうなどの津軽伝統工芸の
工房をはじめ、津軽三味線の生演奏を楽しめ
たり、ご当地B級グルメの黒石つゆやきそば
を味わえるレストランがあったりと、名前の
通り、津軽の伝統を目と耳と舌で堪能できる
総合観光施設。顔ハメ看板も施設にマッチし
た、木の温もりを感じる手作りの渋い板。無
料で利用できる源泉かけ流しの足湯もあり、
旅の疲れも癒せます。

📍 黒石市袋富山

　日本全国に展開されている、遊びながら交通
ルールを学べる施設の一つ。ミニ列車の乗り
場に設置されている超児童向けのこちらの顔
ハメ看板は、ハミ出さずに収まるのが難しい
というか、どうやっても何かしらハミ出る
チャレンジングな一枚。顔ハメ看板ニストと
してはなかなかやる気になれる板です。ゴー
カートや遊具もあって、一日遊び倒せる公園
となっています。

📍 弘前市田町

看板の
ある
風景 8

ようこそ 弘前城へ
弘前とさくらとりんごのまち 青森県警

ミシュラン・グリーンガイド・ジャポンにも
掲載されている、ねぷたの魅力を全身で感じ
ることが出来る施設。大型ねぷたの実物展示
から始まり、充実のお土産コーナー、生演奏
の弘前ねぷたのお囃子に合わせて太鼓も叩け
ます。扇ねぷたの特徴的なシェイプを顔ハメ
看板でも再現してくれていて、嬉しくなりま
す。身体がハミ出ない様に、気を付けたいと
ころです。

📍 弘前市亀甲町

桜の名所として知られ、東北唯一の現存天守などが国の重要文化財に指定されている弘前城が敷地内にあります。約49万2000平方メートルの広大な公園の中にいくつかある顔ハメ看板は、歴史の重みに反してキャッチーなキャラクターもので、親しみが湧いてきます。桜の季節には、家族向けの豪華な看板が出ていることも。桜も愉しめますので、是非季節に合わせて行きたいところです。

📍 弘前市下白銀町

　弘前公園のすぐ隣に位置し、市内周遊に便利なレンタサイクルや地下駐車場も完備している、弘前の観光拠点。お祭りの期間は営業時間を延長したり、冬には長靴を無料で貸し出していたりと、弘前味溢れる施設です。「お城とさくらとりんごのまち」と、端的に弘前の魅力を伝える顔ハメ看板。日中にハマるとかなり逆光気味になるよう設置されているのも、ご愛嬌です。

📍 弘前市下白銀町

創業100年を超える歴史あるハンコ屋さん
で、りんごを梱包するダンボール箱に品種や
等級などを印字するスポンジ印、通称「ぽん
ぽん」を4代目が開発されました。親しみや
すい可愛らしい字体で、リンゴ農家でなくと
も欲しくなります。顔ハメ看板は「弘前城築
城400年祭」のイメージキャラクターとして
生まれた、たか丸くん。一人用開閉式なので、
通り過ぎないようにご注意を。

📍 弘前市一番町

レトロな外観に、開業した1952年から抜け
出してきたかのような佇まいが素晴らしい、
渋い駅舎。弘南鉄道さんのキャラクター、除
雪用車両のラッセル車モチーフのラッセル君
と一緒に写ることができる顔ハメ看板が設置
されています。豪雪も、どすこいどすこいと
除雪するとのことで、普段は力士のごとく廻
しを締めていますが、こちらの看板では正装
となっているのが印象的。

📍 弘前市吉野町

弘前市街から近すぎず遠すぎずの程良い距離
にある、宿泊に温水プール、テニスにパター
ゴルフまで楽しめる総合レジャー施設。名前
の通り、満点の星空を楽しむことができる天
文台もあるという充実ぶり。顔ハメ看板はロ
マントピア在住の、自然・宇宙・人間を愛す
る妖精トピー君。可愛らしく素朴な外見とだ
いぶギャップのあるサイズ感の看板が、設置
されております。

📍 弘前市水木在家桜井

看板の
ある
風景 9

EPILOGUE | 私の青森

　青森県ほど地域分けに苦労しない県はないので
はないでしょうか。もはや全国区となった「南部」
と「津軽」。この本を作るときにまず考えるのが
地域分けなのですが、何も考えずにパッと出てき
た、流石の青森です。南部に津軽と、力強い言葉
の響きも素晴らしい。

　それぞれの土地に観光資源がある津軽と南部。
顔ハメ看板的にも、全体的にまばらに散らばっ
て配置されているので、余すことなく愉しめま
す。個人的には仕事の関係で八戸市に伺うことが
多く、思い出深い土地です。八戸には昭和20年
の終戦後からの歴史ある横丁がずらり。名前のつ
いた8つの横丁を、ふらふら歩くだけでも気分が
上がります。個人的になるべく高齢の方が経営さ
れているスナックが好きなのですが、八戸にも
それっぽいお店がいくつもあります。ある時上司
と、「一人2、3000円くらいで飲めますか?」と
一緒に入ってみました。ママの心地よい南部弁と
美酒に程よく酔いしれて、いざお会計。2500円
ですと言われたので5000円札を差し出したら、

2500円のお釣りを手渡されました。まさかの一人1250円。流石に現代にしては安すぎるので、横丁に入った時に時空が歪んだのかも。そう思わせてくれる八戸です。また飲もうと半年後に行ったら、いくら探しても見つかりませんでした。個性的なお店が多くありますが、地元の人に教えてもらった夜9時から開くお寿司屋さんもご機嫌でした。時間的に一軒目にはなり難いにもかかわらず、シャリがだいぶ大き目で、十二分に満足出来ます。いまいち場所を覚えていないのですが、ほろ酔いで八戸の街を歩けば、無事にたどり着ける気がします。

　北に足を伸ばせば恐山でお馴染みの下北半島。その形状からまさかり半島などと呼ばれたりもしますが、まさかりの刃の最上部である大間にも、最下部である脇野沢にも、顔ハメ看板があるのは嬉しい悲鳴です。八戸から大間までは車で3時間程。大間では、ここまで来たしと、名物のマグロをいただこうとしたら、売り切れていたのも良い思い出です。そこから脇野沢へと向かう途中では、

車道を当たり前のようにサルが歩いていたりする
のですが、ガードレールにちょこんと座った一匹
と目が合った時には、こんなところまで（顔ハメ
看板目的で）よく来たね、と言われた気がしまし
た。下北半島を訪れる際には、事前に三沢の寺山
修司記念館に立ち寄って、恐山への想いを募らせ
るか、映画トラック野郎シリーズを観て、哀愁気
分を盛り上げることをオススメします。

　南部においては他にも、新郷村のキリストの墓
が顔ハメ看板的に重要スポットです。私が伺った
時も、貸し切りバスでスピリチュアルな御一行様
が見学に来られていたので、たぶん本物なのだと
思います。

　みんな大好きグルメ情報としては、田子のにん
にくが外せません。鹿児島出身の上司と一緒に旅
行した時に、自分用だけでなく、実家の両親にも
購入して贈られていたのですが、たいそう喜ばれ
たそうです。ご贈答用にもご自宅用にも最適です。

　津軽と聞いてイメージするのは、ねぶたとねぷ

た、リンゴにこけしといったところでしょうか。顔ハメ看板的にも概ね間違っていないのですが、それぞれの土地の細部を見ていけば、南部同様、特殊な魅力溢れるワンダーランド。車中のBGMは津軽三味線か人間椅子で決まりです。

　八甲田山は6月に訪れていても雪がちらほら見受けられ、嬉しくなります。やはりここも訪れるまでに映画「八甲田山」は押さえておきたいところです。山中の酸ヶ湯温泉は「ヒバ千人風呂」と呼ばれる混浴の大浴場が有名で、まあここまで来たしせっかくなのでと入浴したのですが、気が急いていたのかうっかり男女別の小浴場の方に入ってしまうという凡ミス。時間もなく、入り直せなかったのですが、入り口付近で熟年夫婦の奥様が「混浴なんて聞いてないんだけど。びっくりしたわよ！これじゃあ若い人なんてこれないじゃない！」と旦那さんを叱責していた姿が印象に残りました。いつまでも残ってもらいたい文化遺産です。

　津軽には顔ハメ看板的に重要な取り組みがあり

ます。一つは青森市が設置した「青森市にハマ
れ！」キャンペーン顔ハメです。全部で四枚、青
森市を代表する観光素材を顔ハメ看板化し、距離
感がある形で設置され展開されているのですが、
立派な看板なのにあまり大々的に宣伝していない
ところが素晴らしいです。四枚ハマり切っても、
何ももらえないところも好感が持てます。何枚か
ハマったところで、ふとシリーズ物であることに
気付ける。いいですねぇ。粋な取り組みだと感じ
ます。この本でもいくつか紹介しているので、探
してみてください。

　もう一つは 2010 年に津軽鉄道で催された、全
12 駅に 60 体ほどの顔ハメ看板を設置するクレイ
ジーな取り組み「顔出しクン」プロジェクトです。
もしもニューヨークに住む様々な国の人が津軽鉄
道にやってきたら、という愉しいコンセプトで設
置された顔ハメ看板群。残念ながら設置期間に訪
れることが出来なかったのですが、当時の様子を
ネットで確認するだけでも胸が熱くなります。ハ
マりたかった…。津軽鉄道のホームから、様々な

国の人になって覗く風景。どんなだったでしょうか。

　テレビなどでもよく取り上げられる南部と津軽の確執。実際どうなのかなと思いつつ街を見渡せば、津軽塗が高級品として南部で親しまれていたり、南部裂織や、きみがらスリッパが津軽で見かけられたりと、意外と藩境塚を越えての交流が浮かび上がってきます。赤提灯で人々の声に耳を傾けてみると、「あの人は津軽だけどいい人」などと聞こえてきたり。結婚する男女がそれぞれ南部と津軽出身だと、ロミオとジュリエット的な盛り上がりをみせるのかな、などと想像してみるのも愉しいです。

　色々と長い歴史はありつつも、今となってはトムとジェリーよろしく、仲良く喧嘩している南部と津軽なのかもと感じる青森です。

INDEX

顔ハメ看板ニスト｜塩谷朋之

東京生まれ。20歳頃より顔ハメ看板に憑りつかれて、体がはみ出ないように
ハマる、穴を埋めるため知らない人にでも声をかけてハマる、ハマる前にお酒
を飲まないなどのマイルールに従って活動を続ける。三脚とカメラを毎日携帯
し、常にハマれる看板がないかを探す日々。2021年時点でハマった顔ハメ看
板の枚数は4300枚を超える。初めてみろく横丁を貸し切った企業に勤めてお
り、誘致企業に認定されてからは、南部にも津軽にもご縁ができたというのが、
青森との繋がり。

イラストレーター｜もりはなこ

神奈川県横浜市出身。2016年に青森県八戸市へ移住し、市営書店・八戸ブッ
クセンターで働き始める。八戸は新鮮な魚や地物野菜が美味しく、季節ごとに
変わる産直やスーパーのラインナップに日々心躍らせている。地酒の旨さも素
晴らしく、一時ハマって呑みすぎ激太りしたため最近では適度に愉しんでいる。
仕事帰りに立ち寄る「みろく横丁」の「へちま」がお気に入り。夫と猫4匹
と暮らしており、夫婦ともども24時間365日猫にメロメロである。

編集　島田真人
イラスト　もりはなこ
ブックデザイン　白畠かおり

顔ハメ百景｜青森 最果てワンダー編
2021年10月1日発行

著　者　塩谷朋之
発行者　島田真人
発行所　阿佐ヶ谷書院
　　　　〒166-0004　東京都杉並区阿佐谷南2-13-9-101
　　　　e-mail：info@asagayashoin.jp
　　　　URL：http://www.asagayashoin.jp
印刷・製本　シナノ印刷